COLOMBIAN SPANISH PHRASEBOOK

Explore 200 Essential Phrases and Expressions for Confidence and Fluency in Colombian Spanish

DIGITAL POLYGLOT

Published by Digital Polyglot

ISBN 9798322051787

COLOMBIAN SPANISH

PHRASEBOOK

EXPLORE 200 ESSENTIAL PHRASES AND EXPRESSIONS FOR CONFIDENCE AND FLUENCY IN COLOMBIAN SPANISH

Digital Polyglot

TABLE OF CONTENTS

INTRODUCTION

Embark on a Journey with the Colombian Spanish Phrasebook

Picture this: you're wandering through the bustling markets of Bogotá, the aromas of fresh coffee and arepas filling the air. You strike up a conversation with a local vendor, using a phrase you learned just yesterday. Their face lights up in recognition, and suddenly, you're not just a visitor you're a participant in Colombia's rich cultural tapestry.

Learning a new language, especially one as vibrant and nuanced as Spanish, is more than memorizing words; it's unlocking the door to a world brimming with unique cultures, histories, and stories. That's where the Colombian Spanish Phrasebook comes in. Designed for both eager learners and seasoned language enthusiasts, this book is your key to mastering 200 essential phrases and words, each chosen to deepen your understanding of Colombian Spanish and its colorful contexts.

With the Colombian Spanish Phrasebook, we're not just teaching you to speak; we're inviting you on an adventure. Whether you're navigating the historic streets of Cartagena or engaging in lively discussions with locals, our phrasebook is crafted to make your journey through the Spanish language as enjoyable and enriching as possible.

Join us on this journey of discovery, culture, and communication. Let the Colombian Spanish Phrasebook be your guide to not just speaking Spanish, but living it.

Welcome to the adventure.

Digital Polyglot Team

WHAT WILL I FIND IN THIS PHRASEBOOK?

Next, you will discover 200 common words and expressions in Colombian slang. These are classified and organized into eight different categories: at the restaurant, at work, emotions and attitudes, everyday life, relationships, shopping/supermarket, with family, and with friends.

On each page, you'll find three words, and for each of these, five sections: definition, formality, in context, usage tip, and similar terms. Here's a detailed breakdown of what you'll find in each one.

- **Definition:** Here, you'll find the meaning of each term, explained in a simple and concise manner.
- **Formality:** We've classified each word into the following categories: neutral, informal, and colloquial. The neutral category refers to words commonly used in everyday speech; informal for words used in casual situations, and colloquial includes daily expressions, slang, and idioms.
- **In context:** Here, you'll find a brief dialogue that serves as an example of using the corresponding word or phrase.
- **Similar terms:** Finally, here you'll find other words related to the corresponding word or phrase.

Finally, we provide two tools that will be essential for measuring and assessing your progress at the end of each category: a short story and multiple-choice exercises.

- **Short stories:** At the end of each category, you'll find a short story. This resource will serve as a method to test what you've learned through reading comprehension.

- **Multiple-choice exercises:** After reading, it's always good to put your knowledge into practice. After each story, you'll find five multiple-choice questions, which will help improve your reading comprehension.

Now that you have a better idea of the book's structure, let us share some suggestions to help you get the most value from your reading journey.

A FEW EXTRA TIPS

Learning a language requires practice and consistency, which is why we've compiled some tips to optimize your learning process.

Tip 1: One word at a time
Learning a language requires perseverance and, above all, patience. Approach this process calmly and avoid trying to learn everything quickly. Everything takes time, and patience will be crucial for achieving satisfactory results.

Tip 2: Read aloud
Read the word or phrase of the day aloud. Don't be afraid to make mistakes! Constant practice improves pronunciation and, at the same time, helps memorize new content.

Tip 3: Complete practical exercises
For each completed category, you'll find five practical exercises and a short story. Complete them to assess your skills and identify areas for improvement. Don't be afraid to make mistakes!

Tip 4: Use your new vocabulary in daily conversations
Try to incorporate the word or phrase into your daily conversations, whether with friends, family, or even with yourself. Practice makes perfect!

Tip 5: Take note of what you've learned
Keep a record of your progress. Which words are easier for you? Which ones challenge you? Reflecting on your learning is an excellent way to improve.

Following the tips we've shared, you'll remember most of the new words in your daily life. Your vocabulary will grow, and you might even surprise your Spanish-speaking friends with some interesting expressions that are not typically taught in schools.

It's time to immerse yourself in learning. Get ready for the exciting journey ahead!

AT THE RESTAURANT

AT THE RESTAURANT

1. A LA ORDEN *(ah lah ohr-dehn)*

DEFINITION Phrase used in commerce to say "How can I help you?"

FORMALITY Neutral.

IN CONTEXT **A:** Buen día, estoy **a la orden**.
B: ¿Me puedes pasar el menú?

SIMILAR TERMS ¿En qué puedo servirle?

2. CANECA *(kah-ne-kah)*

DEFINITION Container where the garbage is placed.

FORMALITY Neutral.

IN CONTEXT **A:** Tira eso en la **caneca**, por favor.
B: Claro, no quiero ensuciar el lugar.

SIMILAR TERMS Basurero, tacho de basura.

3. CORRIENTAZO *(koh-ree-en-tah-so)*

DEFINITION Lunch sold in small restaurants or cafeterias at a low price.

FORMALITY Informal.

IN CONTEXT **A:** Hoy almorcé un **corrientazo** delicioso.
B: Deberíamos ir juntos la próxima vez.

SIMILAR TERMS Plato ejecutivo.

AT THE RESTAURANT

4. FRITANGA *(free-tahn-gah)*

DEFINITION	Large tray containing fried foods such as entrails, blood sausage, pork rinds, potatoes, and plantain.
FORMALITY	Neutral.
IN CONTEXT	**A:** Hoy cenamos **fritanga**. **B:** ¡Qué delicia, me encanta!
SIMILAR TERMS	Comida callejera, comida rápida.

5. GUARO *(gwa-roh)*

DEFINITION	Alcoholic drink typical of Colombia, "aguardiente".
FORMALITY	Informal.
IN CONTEXT	**A:** Vamos a tomarnos un **guaro** para celebrar. **B:** ¡Buena idea, brindemos por los buenos momentos!
SIMILAR TERMS	Aguardiente, trago.

6. JINCHO *(heen-cho)*

DEFINITION	To be drunk, to have a lot of alcohol in your system.
FORMALITY	Colloquial.
IN CONTEXT	**A:** ¿Amaneciste bien? Estabas **jincho** en la fiesta. **B:** Me duele la cabeza, nunca más vuelvo a tomar.
SIMILAR TERMS	Borracho, ebrio, picado.

7. ME DIO LA MELONA *(meh dyo la meh-lo-nah)*

DEFINITION   Phrase used when hunger strikes.

FORMALITY   Colloquial.

IN CONTEXT   **A: Me dio la melona** cuando vi el menú.
B: A mi también, los postres se ben deliciosos.

SIMILAR TERMS   Me dio hambre.

8. MECATO *(meh-kah-toh)*

DEFINITION   Snacks, sweets, or packages eaten between meals.

FORMALITY   Neutral.

IN CONTEXT   **A:** Voy a comprar un **mecato** para la tarde.
B: Elige algo rico.

SIMILAR TERMS   Bocadillo, aperitivo.

9. ÑAPA *(nyah-pah)*

DEFINITION   Addition, especially given as a tip or gift.

FORMALITY   Informal.

IN CONTEXT   **A:** Como cliente frecuente, me dieron una **ñapa**.
B: ¡Qué suerte!

SIMILAR TERMS   Yapa, propina.

AT THE RESTAURANT

10. ONCES *(on-sehs)*

DEFINITION Short snack taken between lunch and dinner.

FORMALITY Neutral.

IN CONTEXT
A: ¿Vamos a tomar **onces** después de clases?
B: Sí, me encantaría.

SIMILAR TERMS Refrigerio, merienda.

11. PICHO *(pee-choh)*

DEFINITION Describe something in bad or rotten condition.

FORMALITY Colloquial.

IN CONTEXT
A: ¿Viste un sánduche que guardé ayer?
B: La tiré a la basura, estaba **picho**.

SIMILAR TERMS Malogrado.

12. POLA *(poh-lah)*

DEFINITION The term used to refer to beer.

FORMALITY Colloquial.

IN CONTEXT
A: ¿Quieres una **pola** para refrescarte?
B: ¡Claro, suena genial!

SIMILAR TERMS Cerveza.

AT THE RESTAURANT

13. QUÉ TE PROVOCA   *(keh teh proh-voh-kah)*

DEFINITION   Term used to ask someone what they fancy.

FORMALITY   Neutral.

IN CONTEXT   **A:** ¿**Qué te provoca** para la cena?
B: Pizza suena bien, ¿no?

SIMILAR TERMS   ¿Qué te apetece?

14. SALPICÓN   *(sahl-pee-kon)*

DEFINITION   Drink made from water and chopped various fruits and flavors, sometimes with added ice cream.

FORMALITY   Neutral.

IN CONTEXT   **A:** Este **salpicón** está delicioso.
B: Sí, es una buena opción para el verano.

SIMILAR TERMS   Ensalada de frutas.

15. SÁNDUCHE   *(sahn-doo-cheh)*

DEFINITION   Word used to refer to a sandwich.

FORMALITY   Informal.

IN CONTEXT   **A:** Hoy almorcé un **sánduche** en el trabajo.
B: A veces es la opción más práctica.

SIMILAR TERMS   Emparedado, sándwich.

AT THE RESTAURANT

16. TINTO *(teen-toh)*

DEFINITION	Black coffee, without milk or cream.
FORMALITY	Informal.
IN CONTEXT	**A:** Necesito un **tinto** para despertar. **B:** ¡Vamos por uno!
SIMILAR TERMS	Café negro.

SHORT STORY

En un restaurante típico de Colombia, ubicado en una bulliciosa calle de Bogotá, se encuentran Diego y Daniela, dos amigos que trabajan como meseros en el lugar. Es un día caluroso y el restaurante está lleno de clientes que disfrutan de platos tradicionales colombianos.

Diego: ¿Qué te provoca hoy, Dani? Este restaurante siempre me da hambre con tanta comida saliendo.

Daniela: Uff, Diego, me dio la melona de solo pensar en toda la comida del menú. Pero qué más da, a la orden con el próximo cliente.

Un cliente llama a su mesa.

Diego: ¡Buenas tardes, señor! ¿Qué le gustaría ordenar hoy?

Cliente: Para mí, un corrientazo con una pola bien fría, por favor.

Diego: ¡A la orden! ¿Y para la señora?

Cliente: Un salpicón y un tinto, por favor.

Diego va a dejar la orden y se acerca a Daniela.

Daniela: Esa señora sí sabe lo que quiere, un tinto siempre va bien con cualquier comida.

Diego: Totalmente de acuerdo. (Se dirige al bar) ¡Una pola y un tinto para la mesa 3!

Bartender: Aquí tienes, Diego. ¿Qué tal va la tarde?

Diego: Tranquilo, pero con buen ambiente. ¡Gracias por la pola!

Diego se dirige a dejar los pedidos cuando ve a Daniela.

Daniela: Aquí tiene su salpicón, señora. ¿Algo más?

Cliente: No, por ahora está perfecto. Gracias.

Diego: Aquí tiene su corrientazo y la pola bien fría.

Cliente: ¡Excelente! Muchas gracias.

Daniela: (Al cliente) ¿Le gustaría añadir algo más a su orden? Tenemos unas deliciosas <u>fritangas</u> como <u>ñapa</u>.

Cliente: Por ahora estoy bien, gracias.

Los amigos se alejan y retoman su conversación.

Diego: Oye, ¿qué opinas de hacer una fritanga después del trabajo?

Daniela: ¡Claro, me encantaría! Además, necesito un descanso para relajarme un poco.

Diego: Entonces, después de la jornada, nos vamos a la fritanga de la esquina. ¡Será la ñapa perfecta para este día!

Daniela: ¡Exacto! No hay mejor plan.

La tarde continúa con Diego y Daniela sirviendo platos deliciosos a los clientes, disfrutando de la buena comida y la compañía.

QUESTIONS

1. ¿Dónde se desarrolla la historia?

    a) En Argentina
    b) En México
    c) En Colombia
    d) En España

2. ¿Cuál es el nombre de los personajes principales?

    a) Diego y Daniela
    b) Juan y María
    c) Carlos y Ana
    d) Pedro y Laura

3. ¿Qué tipo de restaurante es el escenario de la historia?

    a) Un restaurante de comida rápida
    b) Un restaurante italiano
    c) Un restaurante de comida colombiana
    d) Un restaurante de sushi

4. ¿Qué bebida pide el cliente junto con su corrientazo?

    a) Un tinto
    b) Una pola
    c) Un guaro
    d) Un mecato

5. ¿Qué plan hacen Diego y Daniela después del trabajo?

    a) Ir al cine
    b) Hacer ejercicio juntos
    c) Ir a una fritanga
    d) Ir a la casa de Diego

AT WORK

AT WORK

17. ATEMBAO *(ah-tem-ba-oh)*

DEFINITION   Person who behaves foolishly or absent-mindedly.

FORMALITY   Colloquial.

IN CONTEXT   **A:** No le presté mi celular y se puso **atembao**.
B: Debería entender que no es obligatorio compartirlo.

SIMILAR TERMS   Necio, molestoso.

18. AVIÓN *(ah-vee-on)*

DEFINITION   Clever, alert, mentally agile person.

FORMALITY   Informal.

IN CONTEXT   **A:** Escuché que Pedro casi fue estafado.
B: Sí, pero Pedro es muy **avión**, nadie lo puede engañar.

SIMILAR TERMS   Alerta, astuto.

19. BERGAJO *(ber-gah-ho)*

DEFINITION   Shameless person who deceives to obtain personal benefit.

FORMALITY   Colloquial.

IN CONTEXT   **A:** La organización de la fiesta fue un desastre.
B: Ni que lo digas, el administrador era un **bergajo**.

SIMILAR TERMS   Corrupto, descuidado, abusivo.

AT WORK

20. BIEN PUEDA   *(byen pweh-dah)*

DEFINITION   A way of allowing yourself to do something; like an approving phrase.

FORMALITY   Informal.

IN CONTEXT   A: ¿Puedo presentar los informes un día antes?
B: ¡Claro, **bien pueda**!

SIMILAR TERMS   A la orden, cuando pueda.

21. BILLULLO   *(bee-yoo-loh)*

DEFINITION   Colloquial word used to refer to money.

FORMALITY   Informal.

IN CONTEXT   A: ¡Gané un buen **billullo** en la lotería!
B: ¡Qué suerte, celebremos!

SIMILAR TERMS   Dinero, plata.

22. BOTAR CORRIENTE   *(boh-tar koh-ree-en-teh)*

DEFINITION   To have an intellectual discussion, to think deeply.

FORMALITY   Informal.

IN CONTEXT   A: No le hagas caso, siempre está **botando corriente**.
B: No me afecta, conozco mi trabajo.

SIMILAR TERMS   Hablar sin parar.

AT WORK

23. CAMELLAR *(kah-meh-yar)*

DEFINITION	Word to refer to work.
FORMALITY	Informal.
IN CONTEXT	**A:** Tengo que **camellar** mucho esta semana. **B:** Sí, el trabajo no espera.
SIMILAR TERMS	Trabajar, laburar.

24. CHICHIGUA *(chee-chee-gwah)*

DEFINITION	Something that is too little, insignificant, usually associated with money.
FORMALITY	Colloquial.
IN CONTEXT	**A:** ¿Se te perdió algo? **B:** Sí, pero no importa, era una **chichigua**.
SIMILAR TERMS	Insignificante.

25. COGER LA COMBA AL PALO
(koh-her lah kohm-bah al pah-loh)

DEFINITION	Means that someone is understanding something or is finally acquiring skills for a specific job.
FORMALITY	Informal.
IN CONTEXT	**A:** ¿Cómo te va en tu nuevo empleo? **B:** Bien, ya pude **cogerle la comba al palo**.
SIMILAR TERMS	Aprender.

AT WORK

26. CULEBRA *(koo-leh-brah)*

DEFINITION Colloquial term for referring to a debt.

FORMALITY Colloquial.

IN CONTEXT A: Tengo una **culebra** imposible de pagar.
B: Puedo ayudarte a pagarla.

SIMILAR TERMS Deuda.

27. DAR PAPAYA *(dar pah-pah-yah)*

DEFINITION Expression used to designate the situation in which we let someone take advantage of us.

FORMALITY Informal.

IN CONTEXT A: No salgas con tantas joyas, no vayas a **dar papaya**.
B: Tienes razón, hay mucha delincuencia.

SIMILAR TERMS Exponerse al peligro.

28. DE PLANTA *(deh plan-tah)*

DEFINITION Refers to an employee who is part of the permanent staff of a company.

FORMALITY Neutral.

IN CONTEXT A: ¿Conseguiste trabajo por fin?
B: ¡Sí! Seré trabajador **de planta** en un consultorio.

SIMILAR TERMS Permanente, planilla. .

AT WORK

29. DÉJAME MASTICARLO
(deh-hah-meh mas-tee-cahr-loh)

DEFINITION Equivalent expression to "let me think about it".

FORMALITY Informal.

IN CONTEXT
A: ¿Me darás una respuesta ahora?
B: No, déjame **masticarlo un poco** y te digo más tarde.

SIMILAR TERMS Déjame pensarlo, lo analizaré.

30. DESPARCHE *(dehs-pahr-cheh)*

DEFINITION To have nothing productive to do.

FORMALITY Informal.

IN CONTEXT
A: Hoy fue un día de **desparche** total.
B: A veces está bien relajarse un poco.

SIMILAR TERMS Aburrimiento.

31. JARTERA *(har-teh-rah)*

DEFINITION When something is annoying or bothersome.

FORMALITY Colloquial.

IN CONTEXT
A: Esta tarea es una **jartera**.
B: Pero es necesario, ¡vamos a terminarla juntos!

SIMILAR TERMS Hastío, aburrimiento.

AT WORK

32. LLANTERÍA *(yahn-teh-ree-ah)*

DEFINITION Place where vehicle tires are repaired and installed.

FORMALITY Neutral.

IN CONTEXT
A: Papá, el auto se averió.
B: Vamos a llevarlo a la **llantería** para que lo revisen.

SIMILAR TERMS Taller, mecánico.

33. MAMERA *(mah-meh-rah)*

DEFINITION To be exhausted or tired of a particular situation.

FORMALITY Colloquial.

IN CONTEXT
A: Este trabajo es una **mamera**.
B: Sí, pero tenemos que hacerlo.

SIMILAR TERMS Fastidiado, molesto.

34. PONERSE LAS PILAS
(poh-ner-se las pee-lahs)

DEFINITION Expression meaning to move, get active, and wake up.

FORMALITY Informal.

IN CONTEXT
A: Necesito terminar este proyecto.
B: Entonces, **ponte las pilas** y hazlo.

SIMILAR TERMS Ponerse en acción, activarse.

35. PULIDO *(poo-lee-doh)*

DEFINITION   Refers to someone who is perfectionist and delicate.

FORMALITY   Informal.

IN CONTEXT   **A:** Me gusta el trabajo de este artista.
B: A mi también, el artista es muy **pulido** con su trabajo.

SIMILAR TERMS   Elegante, sofisticado.

36. SAPO/A *(sah-poh/ah)*

DEFINITION   Person who reveals secret information.

FORMALITY   Colloquial.

IN CONTEXT   **A:** No seas **sapo**, no cuentes eso.
B: Mi boca está cerrada, tranquilo.

SIMILAR TERMS   Chismoso/a.

37. TETIADO *(teh-tee-ah-doh)*

DEFINITION   Referring to someone or something that is overly full, stuffed.

FORMALITY   Colloquial.

IN CONTEXT   **A:** Vayamos a otro restaurante.
B: Estoy de acuerdo, este está **tetiado** de gente.

SIMILAR TERMS   Lleno, repleto.

AT WORK

38. TOCHE *(toh-cheh)*

DEFINITION   Synonym for idiot.

FORMALITY   Colloquial.

IN CONTEXT   **A:** El gerente es un **toche**, no me agrada.
B: A veces no podemos llevarnos bien con todos.

SIMILAR TERMS   Ingenuo, inocente.

39. VISAJE *(vee-sah-heh)*

DEFINITION   Someone who wants to stand out.

FORMALITY   Informal.

IN CONTEXT   **A:** Esa persona siempre está en **visaje**.
B: Sí, le gusta llamar la atención.

SIMILAR TERMS   Gestos, expresiones faciales.

SHORT STORY

Blanca y Jhon son colegas que trabajan juntos en una gran corporación en Bogotá, Colombia. Es viernes por la tarde y ambos están cansados después de una semana larga y agotadora de trabajo.

Blanca: ¡Ay, Jhon! ¡Qué de semana hemos tenido!

Jhon: Sí, Blanca, tremenda <u>mamera</u> de tanto <u>camellar</u>.

Blanca: ¿Viste la <u>chichigua </u>que nos mandaron de paga?

Jhon: Sí, qué tontería. ¿Qué te parece si nos tomamos un break y nos echamos un cafecito para relajarnos?

Blanca: Claro, bien pueda. Necesito <u>ponerme las pilas</u> antes de seguir <u>avión</u> en el trabajo.

Jhon y Blanca van a la cafetería de la oficina y se sirven unas tazas de café.

Jhon: ¿Qué opinas de la nueva jefa, Blanca? A mí me parece que está más <u>tetiada</u> que la anterior.

Blanca: Sí, tiene un <u>visaje</u> como si fuera la dueña de todo. Pero bueno, nos toca adaptarnos.

Jhon: Eso es verdad. ¿Y qué tal el proyecto que estamos cogiendo?

Blanca: Pues la verdad, me tiene perdida. No entiendo ni jota de lo que estamos haciendo.

Jhon: Tranquila, Blanca. <u>Déjame masticarlo</u> un poco más y te explico.

Blanca: Gracias, Jhon. Eres un <u>pulido</u> en estas cosas.

Después de un rato de conversación, Blanca y Jhon regresan a su escritorio.

Blanca: ¡Qué <u>atembao</u> estoy de tanta reunión!

Jhon: ¡Ni me digas! Yo ya no aguanto más, estoy listo para irme a casa.

Blanca: Antes de eso, ¿te animas a <u>botar corriente</u> en el ajedrez un rato?

Jhon: Claro, una partida rápida no viene mal para relajarnos.

Blanca y Jhon juegan una partida de ajedrez rápido y se divierten un poco antes de terminar la jornada laboral.

Blanca: Bueno, Jhon, creo que ya es hora de irnos. Nos vemos el lunes, ¿sí?

Jhon: Sí, nos vemos. Que tengas un buen fin de semana, Blanca.

Blanca: Igualmente, Jhon. ¡Chao!

Jhon y Blanca se despiden y salen de la oficina, contentos de terminar la semana laboral.

QUESTIONS

1. ¿Dónde se desarrolla la historia?

a) En una escuela
b) En una gran corporación
c) En un parque
d) En una cafetería

2. ¿Qué día de la semana es cuando se desarrolla la historia?

a) Lunes
b) Miércoles
c) Viernes
d) Domingo

3. ¿Qué hacen Blanca y Jhon para relajarse?

a) Jugar al fútbol
b) Tomar café
c) Ir al gimnasio
d) Leer un libro

4. ¿Qué palabra utilizan para referirse al cansancio?

a) Mamera
b) Desparche
c) Avión
d) Llantería

5. ¿Qué expresión utilizan para indicar que alguien está repleto de trabajo?

a) Coger la comba al palo
b) Visaje
c) Sapo/a
d) Tetiado

EMOTIONS AND ATTITUDES

EMOTIONS AND ATTITUDES

40. CANSÓN *(kahn-sohn)*

DEFINITION Expression to refer to a person who is unbearable.

FORMALITY Informal.

IN CONTEXT
A: Mi jefe siempre es tan **cansón**.
B: ¡Espero que cambie pronto!

SIMILAR TERMS Aburrido, tedioso.

41. CANTALETA *(kahn-tah-leh-tah)*

DEFINITION Sermon or scolding that is not always deserved or repeated so often that it becomes annoying.

FORMALITY Informal.

IN CONTEXT
A: Mi mamá siempre me da la misma **cantaleta**.
B: Pero es porque te quiere, ¿no?

SIMILAR TERMS Repetición, insistencia.

42. CHEPA *(cheh-pah)*

DEFINITION To have good luck with something.

FORMALITY Informal.

IN CONTEXT
A: Hoy me encontré un billete en el piso.
B: ¡Qué **chepa**!

SIMILAR TERMS Bueno, suerte.

EMOTIONS AND ATTITUDES

43. CHICHÍ *(chee-chee)*

DEFINITION Synonym of needing to urinate.

FORMALITY Informal.

IN CONTEXT
A: ¿Puedes llevar a tu hermana a hacer **chichí**?
B: Claro, mamá, ahorita lo llevo.

SIMILAR TERMS Pipí.

44. CÓMO ASÍ *(koh-moh ah-see)*

DEFINITION Phrase to express confusion about something.

FORMALITY Neutral.

IN CONTEXT
A: ¿Vas a cancelar la cita? ¿**Cómo así**?
B: Sí, no me siento bien.

SIMILAR TERMS ¿Qué?, ¿por qué?

45. DELPUTAS *(dehl-poo-tahs)*

DEFINITION Something that is amazing or very beautiful.

FORMALITY Informal.

IN CONTEXT
A: ¡Esa fiesta estuvo **delputas**!
B: Sí, la pasamos muy bien.

SIMILAR TERMS Muy bueno, excelente.

EMOTIONS AND ATTITUDES

46. DESAYUNAR ALACRÁN

(deh-sah-yoo-nar ah-lah-krahn)

DEFINITION   Starting the day in a bad mood.

FORMALITY   Colloquial.

IN CONTEXT
A: ¿Por qué tan enojada hoy?
B: Desayuné alacrán antes de llegar a clases.

SIMILAR TERMS   Empezar el día con el pie izquierdo.

47. DESTUTANARSE   *(dehs-too-tah-nar-seh)*

DEFINITION   Verb that designates the action of falling in a comic and generally ridiculous way.

FORMALITY   Colloquial.

IN CONTEXT
A: Me **destutané** en la fiesta de ayer.
B: Lo vi en vídeo, fue muy gracioso.

SIMILAR TERMS   Caerse, golpearse.

48. ECHARLE MENTE   *(eh-char-leh men-teh)*

DEFINITION   Expression that means "to think about something".

FORMALITY   Informal.

IN CONTEXT
A: No entiendo este problema.
B: Echale mente, seguro lo resuelves.

SIMILAR TERMS   Prestar atención, concentrarse.

EMOTIONS AND ATTITUDES

49. EH AVE MARÍA   *(eh ah-veh ma-ree-ah)*

DEFINITION   Phrase used to express surprise.

FORMALITY   Informal.

IN CONTEXT
A: ¡**Eh Ave María**, se me perdieron las llaves!
B: Tranquila, seguro las dejaste dentro de casa.

SIMILAR TERMS   ¡Oh por Dios!

50. EMBEJUCARSE   *(em-beh-hoo-kar-seh)*

DEFINITION   To get angry, in a bad mood.

FORMALITY   Colloquial.

IN CONTEXT
A: No te dejes **embejucar** por sus críticas.
B: Lo sé, lo dice con la intención de dañarme.

SIMILAR TERMS   Enojarse mucho, enfurecerse.

51. EMBELECO   *(em-beh-leh-ko)*

DEFINITION   Commonly used word to refer to a craving, desire, or passing desire for something.

FORMALITY   Informal.

IN CONTEXT
A: ¿Quieres que te acompañe al centro comercial?
B: Sí, tengo un **embeleco** por un vestido que vi.

SIMILAR TERMS   Gusto, fijación.

EMOTIONS AND ATTITUDES

52. EMBERRACARSE *(em-behr-rah-kahr-seh)*

DEFINITION To be absolutely annoyed with someone or something.

FORMALITY Colloquial.

IN CONTEXT A: Se **emberracó** porque no quería prestar el carro.
B: Debería aprender a compartir.

SIMILAR TERMS Molestarse, enfadarse.

53. ESTAR PILAS *(es-tar pee-lahs)*

DEFINITION To be pending about something.

FORMALITY Informal.

IN CONTEXT A: Mañana es la reunión, asegúrate de **estar pilas**.
B: No te preocupes, estaré preparada.

SIMILAR TERMS Estar atento, estar alerta, estar avión.

54. FRENTERO *(fren-teh-roh)*

DEFINITION Referring to a person who faces disputes or difficult situations with courage.

FORMALITY Informal.

IN CONTEXT A: Me gusta la gente **frentera**, que dice las cosas directo.
B: Sí, la honestidad es importante.

SIMILAR TERMS Atrevido, sin vergüenza.

EMOTIONS AND ATTITUDES

55. GARBIMBA *(gar-beem-bah)*

DEFINITION	Someone who does something maliciously.
FORMALITY	Colloquial.
IN CONTEXT	**A:** ¿Conoces a Pedro? **B:** Sí, es un **garbimba**, no debes confiar en él.
SIMILAR TERMS	Doble cara.

56. INGRIMO *(een-gree-moh)*

DEFINITION	To have no money in your pocket or to be in a state of total poverty (alone in the world).
FORMALITY	Informal.
IN CONTEXT	**A:** Se quedó **ingrimo** después de la muerte de su madre. **B:** Es una pena por él.
SIMILAR TERMS	Vacío, solo, pobre.

57. MALUCO *(mah-loo-coh)*

DEFINITION	Feeling sick without knowing exactly what from. It can also describe something of poor quality.
FORMALITY	Neutral.
IN CONTEXT	**A:** Hoy estoy **maluca**, no podré presentarme al trabajo. **B:** Tranquila, lo entiendo.
SIMILAR TERMS	Enfermo.

EMOTIONS AND ATTITUDES

58. ME SACÓ LA PIEDRA
(meh sah-koh lah pye-drah)

DEFINITION Expression to refer to someone who makes you angry.

FORMALITY Colloquial.

IN CONTEXT
A: La situación **me sacó la piedra**.
B: Entiendo, a veces la vida puede ser complicada.

SIMILAR TERMS Molestar, irritar.

59. METIDO/A *(meh-tee-doh/ah)*

DEFINITION Person who interferes in matters that don't concern them.

FORMALITY Informal.

IN CONTEXT
A: No seas tan **metido** en la vida de los demás.
B: Tienes razón, debo aprender a respetar la privacidad.

SIMILAR TERMS Entrometido, metiche.

60. NECIO *(neh-syoh)*

DEFINITION Annoying or bothersome people.

FORMALITY Informal.

IN CONTEXT
A: Ese niño es tan **necio**, no quiere escuchar.
B: Con paciencia, quizás pueda entender.

SIMILAR TERMS Terco, molestoso.

EMOTIONS AND ATTITUDES

61. PAILA   *(pahy-lah)*

DEFINITION
Denotes that something is in bad condition, or dissatisfaction or discomfort.

FORMALITY
Colloquial.

IN CONTEXT
A: ¡Se dañó la computadora, qué **paila**!
B: ¿Podemos arreglarla?

SIMILAR TERMS
Desafortunado, desgracia.

62. PARAR BOLAS   *(pah-rahr boh-lahs)*

DEFINITION
To pay attention to a particular person or situation.

FORMALITY
Colloquial.

IN CONTEXT
A: Debes **parar bolas** en la reunión.
B: Sí, estaré atento.

SIMILAR TERMS
Prestar atención, estar pendiente.

63. PENDEJADITA   *(pehn-deh-hah-dee-tah)*

DEFINITION
Something that is small.

FORMALITY
Informal.

IN CONTEXT
A: Busca bien el botón, es una **pendejadita** y no se ve.
B: Está bien, me concentraré más.

SIMILAR TERMS
Tontería, pequeñez.

EMOTIONS AND ATTITUDES

64. QUÉ CHIMBA *(keh cheem-bah)*

DEFINITION   Colloquial expression used to say that something is amazing.

FORMALITY   Informal.

IN CONTEXT   A: ¡**Qué chimba** este plan de viaje!
B: ¡Sí, estoy emocionada por conocer la ciudad!

SIMILAR TERMS   Genial, bacán.

65. QUÉ PECÁO *(keh peh-kah-oh)*

DEFINITION   Colloquial expression used when you see something that is too much tempting.

FORMALITY   Colloquial.

IN CONTEXT   A: ¿Viste el nuevo carro de Juan?
B: ¡**Qué pecáo**! Seguro le costó una fortuna.

SIMILAR TERMS   Eh Ave María, Oh por Dios.

66. QUÉ PENA *(keh peh-nah)*

DEFINITION   In Colombia, saying "qué pena" refers to "feeling embarrassed" or asking for permission.

FORMALITY   Informal.

IN CONTEXT   A: **Que pena** contigo, olvidé tu cumpleaños.
B: No te preocupes, la intención es lo que cuenta.

SIMILAR TERMS   Qué vergüenza.

EMOTIONS AND ATTITUDES

67. QUÉ RAYE *(keh rah-yeh)*

DEFINITION   Phrase used to express anger or annoyance.

FORMALITY   Informal.

IN CONTEXT   A: **Qué raye** con su actitud, siempre cambiando.
B: A veces la gente es difícil de entender.

SIMILAR TERMS   Qué molestia, qué fastidio.

68. SALAR *(sah-lahr)*

DEFINITION   Refers to having or giving bad luck.

FORMALITY   Colloquial.

IN CONTEXT   A: ¿Llevarás tus resúmenes de estudio?
B: No, estudiar antes del concurso nos va a **salar**.

SIMILAR TERMS   Manchar, dar mala suerte.

69. SÓBESE QUE NO HAY POMADA
(soh-beh-se keh noh ah-ee poh-mah-dah)

DEFINITION   This expression is used when someone bumps into something.

FORMALITY   Informal.

IN CONTEXT   A: Me caí y me lastimé la mano.
B: **Sóbese que no hay pomada**. Se pasará solo.

SIMILAR TERMS   Ya pasará, se solucionará.

EMOTIONS AND ATTITUDES

70. TIRAR CAJA *(tee-rahr kah-hah)*

DEFINITION

To laugh loudly or uproariously.

FORMALITY

Informal.

IN CONTEXT

A: La película estuvo muy divertida.
B: Sí, estuvimos **tirando caja** todo el tiempo que duró.

SIMILAR TERMS

Carcajada, reírse mucho.

SHORT STORY

Rosa, Luis y Mateo son una familia que vive en Bogotá, Colombia. Decidieron pasar la tarde del sábado en el Parque Simón Bolívar, un lugar con amplias áreas verdes, juegos para niños y canchas deportivas.

Luis: ¿Qué tal, mi amor? ¿Te estás divirtiendo?

Rosa: Sí, Luis. Está fresco el ambiente hoy. Mateo parece estar entretenido con los patos del lago.

Luis: Mira, <u>qué chimba</u> cómo chapotean en el agua. Oye, Rosa, ¿ya pensaste en qué vamos a hacer para el almuerzo?

Rosa: <u>Eh, Ave María</u>, <u>¿cómo así</u> que ya estamos pensando en eso? Apenas son las doce del día.

Luis: Ya sé, pero uno nunca para de pensar en la comida.

Rosa: Ay, Luis, siempre tan exagerado. Pero sí, <u>estar pilas</u> con el almuerzo es importante. ¿Qué tal si nos vamos a ese restaurante que queda cerca del parque?

Luis: ¡<u>Qué pecáo</u>! Ese lugar siempre tiene unas hamburguesas de <u>delputas</u>.

Rosa: Bueno, entonces ya está decidido. Después de disfrutar un rato más aquí, nos vamos a comer esas hamburguesas.

Mateo: (balbuceando) ¡<u>Chichí</u>, chichí!

Rosa: ¿Qué pasa, quieres ir al baño?

Luis: Parece que sí.

Rosa: Bueno, dejemos que el pañal haga su trabajo. Oye, Luis, ¿te diste cuenta de que ese tipo está dando vueltas alrededor del parque?

Luis: ¿Cuál tipo?

Rosa: Ese ingrimo que va trotando con la camiseta de la selección. Parece que está destutanado.

Luis: Sí, lo vi. No le pares bolas, Rosa, seguro está bien.

Rosa: Tienes razón. Mejor centrémonos en disfrutar este rato en familia. (mirando a Mateo) Oye, mi vida, ¿qué tal si vamos a tirar caja en los juegos?

Mateo: (riendo y asintiendo) ¡Sí, sí!

Luis: Hace tiempo que no me subo a esos juegos. ¿Crees que Mateo se animará a ir en el tobogán?

Rosa: Solo hay una forma de averiguarlo. Vamos a ver qué tal se porta nuestro valiente.

Luis: ¡Vamos, campeón! ¿Listo para la aventura?

Mateo: (riendo y aplaudiendo) ¡Sí, papi!

Rosa: (siguiéndolos) Esta tarde va a ser todo un embeleco.

Luis: Sí, sí. Vamos a pasarla genial los tres juntos. ¡A disfrutar se ha dicho.

QUESTIONS

1. ¿Dónde decide pasar la familia la tarde del sábado?

a) En casa
b) En el parque Simón Bolívar
c) En un restaurante
d) En el centro comercial

2. ¿Qué actividad están realizando en el parque?

a) Jugando fútbol
b) Observando patos en el lago
c) Montando bicicleta
d) Haciendo picnic

3. ¿Qué comida deciden comer?

a) Pizza
b) Hamburguesas
c) Ensaladas
d) Sushi

4. ¿Qué expresión usa Luis ante la idea de ir al restaurante?

a) "¡Qué pecáo!"
b) "Tengo mucha hambre"
c) "Estoy aburrido de la comida"
d) "No tengo hambre en absoluto"

5. ¿Cuál es la actitud de la familia al final de la historia?

a) Están aburridos
b) Están tristes
c) Están felices y disfrutando juntos
d) Están enojados

EVERYDAY LIFE

71. ALARGUE *(ah-lar-geh)*

DEFINITION Extra time played after the end of a match in case of a tied score.

FORMALITY Neutral.

IN CONTEXT
A: ¿Ya acabó el partido de voley?
B: No, el árbitro dio 5 minutos de **alargue**.

SIMILAR TERMS Extensión, prolongación, tiempo extra.

72. BACA *(bah-kah)*

DEFINITION Extra element placed on top of cars for more space.

FORMALITY Neutral.

IN CONTEXT
A: Vamos a poner las maletas en la **baca** del carro.
B: Buena idea, así tendremos más espacio adentro.

SIMILAR TERMS Techo, portaequipajes.

73. BACANO *(bah-cah-no)*

DEFINITION Synonym of cool, awesome, and fun.

FORMALITY Informal.

IN CONTEXT
A: Este lugar es muy **bacano**, ¿verdad?
B: Sí, me encanta la buena vibra que tiene.

SIMILAR TERMS Genial, excelente, chévere.

EVERYDAY LIFE

74. CHÉVERE   (cheh-veh-reh)

DEFINITION   Something that feels good, that is fun.

FORMALITY   Informal.

IN CONTEXT   A: Este plan suena **chévere**, ¿verdad?
B: Sí, no puedo esperar para ver cómo resulta.

SIMILAR TERMS   Bueno, agradable, bacano.

75. CHIMBA   (cheem-bah)

DEFINITION   That something is great or pleasant.

FORMALITY   Informal.

IN CONTEXT   A: ¡Qué **chimba** estuvo el concierto de rock!
B: Sí, la música y la energía fueron increíbles.

SIMILAR TERMS   Maravilloso, chévere, bacano.

76. CHUCHA   (choo-chah)

DEFINITION   Unpleasant smell in the armpits.

FORMALITY   Informal.

IN CONTEXT   A: ¿Hoy tuviste entrenamiento?
B: Sí, por eso traigo una **chucha**. Quiero bañarme.

SIMILAR TERMS   Hedor, peste.

77. COROTO   *(koh-roh-to)*

DEFINITION	Word used to allude to any object that you don't want to mention or whose name is unknown.
FORMALITY	Informal.
IN CONTEXT	**A:** ¿Qué tal vas con el trabajo? **B:** Todo bien, solo tengo problemas con el **coroto** ese.
SIMILAR TERMS	Objeto, vaina, cosa.

78. DESCACHALANDRADO/A
(dehs-kah-land-rah-doh/ah)

DEFINITION	Referring to a person who is careless in their way of dressing.
FORMALITY	Colloquial.
IN CONTEXT	**A:** ¿Hay un código de vestimenta para el trabajo? **B:** Sí, no puedes venir **descachalandrada**, es un banco.
SIMILAR TERMS	Desaliñado, descuidado, desordenado.

79. DESECHABLE   *(deh-seh-cha-bleh)*

DEFINITION	Word used to talk about a beggar, a street person, or someone who is not worth it anymore.
FORMALITY	Informal.
IN CONTEXT	**A:** Qué tristeza ver a todos los **desechables** en la calle. **B:** Opino lo mismo, ojalá pudiéramos ayudarlos.
SIMILAR TERMS	Indigentes.

80. DESLIZADERO *(dehs-lee-sah-deh-roh)*

DEFINITION
Children's game located in parks consisting of a ramp and stairs that children climb to then slide down.

FORMALITY
Neutral.

IN CONTEXT
A: El parque tiene un **deslizadero** nuevo.
B: ¡Vamos a probarlo!

SIMILAR TERMS
Resbaladora, tobogán.

81. EL DIABLO ES PUERCO
(el dyah-blo es poo-ehr-koh)

DEFINITION
Saying that advises being alert to not fall into temptations.

FORMALITY
Colloquial.

IN CONTEXT
A: Hoy iré a una fiesta.
B: ¡**El diablo es puerco**! No hables con extraños.

SIMILAR TERMS
Estar alerta, preocuparse.

82. GAMÍN *(gah-meen)*

DEFINITION
To refer to very poor people who engage in crime or drug use.

FORMALITY
Informal.

IN CONTEXT
A: Ese muchacho de la calle es un **gamín**.
B: Sí, es triste que muchos jóvenes vivan sin un hogar.

SIMILAR TERMS
Ladrón, callejero.

EVERYDAY LIFE

83. JUEMADRE   *(hweh-mah-dre)*

DEFINITION   Simplified version of an insult used to express disapproval of a sudden situation.

FORMALITY   Colloquial.

IN CONTEXT   A: ¡Olvidé la llave dentro de casa, **juemadre**!
B: Tranquila, encontraremos una solución.

SIMILAR TERMS   Joder, maldición, carajo.

84. JUEPUCHA   *(hweh-poo-chah)*

DEFINITION   Euphemism for not saying the phrase "son of a bitch".

FORMALITY   Colloquial.

IN CONTEXT   A: ¡El trabajo es más difícil de lo que pensé, **juepucha**!
B: No te preocupes, juntos lo superaremos.

SIMILAR TERMS   Hijo de puta.

85. LOBA   *(loh-bah)*

DEFINITION   A woman who is very mischievous and dresses in an exaggerated manner.

FORMALITY   Informal.

IN CONTEXT   A: Esa chica es toda una **loba**.
B: Sí, siempre está coqueteando con todos.

SIMILAR TERMS   Astuta, seductora.

EVERYDAY LIFE

86. MAN *(mahn)*

DEFINITION   Word used in a sentence to refer to a guy.

FORMALITY   Colloquial.

IN CONTEXT   **A:** Ese **man** es muy agradable.
B: Sí, siempre tiene buena vibra.

SIMILAR TERMS   Amigo, llave, causa.

87. MELO *(meh-loh)*

DEFINITION   This word indicates a state where everything seems to be fine.

FORMALITY   Informal.

IN CONTEXT   **A:** ¿Tienes todo **melo** para ir al cine?
B: Sí, vamos a ver una película.

SIMILAR TERMS   Completo, listo, perfecto.

88. MONO/A *(moh-noh/ah)*

DEFINITION   Word to describe a person with blond hair.

FORMALITY   Colloquial.

IN CONTEXT   **A:** Esa niña es muy **mona**.
B: Sí, heredó el color de cabello de su padre.

SIMILAR TERMS   Rubio/a, colorada.

89. MOTOSO   *(moh-toh-soh)*

DEFINITION   Synonym of nap, usually sleeping after lunch.

FORMALITY   Informal.

IN CONTEXT   **A:** Necesito el **motoso** antes de volver a camellar.
B: Claro, puedes descansar un rato.

SIMILAR TERMS   Siesta.

90. PECUECA   *(peh-kweh-kah)*

DEFINITION   Unpleasant odor coming from the feet.

FORMALITY   Informal.

IN CONTEXT   **A:** ¡Cuidado con tus pies, están oliendo a **pecueca**!
B: Lo siento, es el calzado nuevo.

SIMILAR TERMS   Hedor, mal olor.

91. PELADO/A   *(peh-lah-doh/ah)*

DEFINITION   Can refer to a person who is young or a person who has no money.

FORMALITY   Informal.

IN CONTEXT   **A:** Ese **pelado** es muy talentoso.
B: Sí, tiene un futuro brillante.

SIMILAR TERMS   Niño, joven, pobre.

EVERYDAY LIFE

92. PEYE *(peh-ye)*

DEFINITION The word denotes something ordinary or in poor taste.

FORMALITY Informal.

IN CONTEXT **A:** Este lapicero es re **peye**, ya no escribe.
B: Deberías comprar uno nuevo.

SIMILAR TERMS Malogrado, insignificante.

93. PICHIRILO *(pee-chee-ree-lo)*

DEFINITION Small car.

FORMALITY Informal.

IN CONTEXT **A:** Este carro es un **pichirilo**, pero me lleva siempre
B: ¡Lo importante es que funcione!

SIMILAR TERMS Cacharro, auto pequeño.

94. PIROBO *(pee-roh-boh)*

DEFINITION These are derogatory words to refer to someone.

FORMALITY Informal.

IN CONTEXT **A:** Ese tipo es todo un **pirobo**.
B: Mejor mantenemos distancia.

SIMILAR TERMS Delincuente, ladrón.

EVERYDAY LIFE

95. QUÉ HAS HECHO   *(keh ahs eh-choh)*

DEFINITION   Phrase used as a greeting, equivalent to saying "hello".

FORMALITY   Neutral.

IN CONTEXT   **A:** Hace tiempo que no nos vemos, ¿**qué has hecho**?
B: Trabajando mucho, pero también disfrutando.

SIMILAR TERMS   Hola, ¿cómo estás?

96. QUIUBO   *(kee-oh-boh)*

DEFINITION   Shortened form of saying "qué hubo" to greet friends or acquaintances.

FORMALITY   Colloquial.

IN CONTEXT   **A:** ¿**Quiubo**, cómo estás?
B: Todo bien, ¿y tú?

SIMILAR TERMS   ¿Qué hubo?

97. RAYADO   *(rah-yah-do)*

DEFINITION   To be upset or angry with someone or something.

FORMALITY   Informal.

IN CONTEXT   **A:** Ese tema me tiene **rayado**.
B: ¿Quieres hablar al respecto?

SIMILAR TERMS   Enojado, desquiciado.

EVERYDAY LIFE

98. SARDINO/A   *(sahr-dee-noh/ah)*

DEFINITION	Way to refer to a young person.
FORMALITY	Informal.
IN CONTEXT	**A:** Yo de **sardino** era muy travieso. **B:** Sí, lo recuerdo. No te podíamos dejar solo.
SIMILAR TERMS	Infante, niño, pelado.

99. SUMERCÉ   *(soo-mer-seh)*

DEFINITION	Form of address, second person singular, expressing respect and affection.
FORMALITY	Neutral.
IN CONTEXT	**A: Sumercé**, ¿me pasa la sal? **B:** ¡Claro, aquí la tienes!
SIMILAR TERMS	Usted.

100. TENAZ   *(teh-nahs)*

DEFINITION	Expression that refers to something terrible or strong
FORMALITY	Informal.
IN CONTEXT	**A:** Es una situación **tenaz**. **B:** Sí, no sé como lo solucionaremos.
SIMILAR TERMS	Persistente, terrible.

EVERYDAY LIFE

101. TOMBO *(tohm-boh)*

DEFINITION Term for referring to a police officer.

FORMALITY Informal.

IN CONTEXT
A: Cuidado, viene un **tombo**.
B: Tranquilo, no estamos haciendo nada malo.

SIMILAR TERMS Policía, seguridad.

102. TRANCÓN *(trahn-kohn)*

DEFINITION Synonymous with traffic or road congestion.

FORMALITY Informal.

IN CONTEXT
A: Hay un **trancón** en la autopista.
B: ¿Quieres buscar otra ruta?

SIMILAR TERMS Tráfico, congestión.

103. VAINA *(vah-ee-nah)*

DEFINITION Word used to refer to anything or object whose name you can't remember.

FORMALITY Informal.

IN CONTEXT
A: Este problema es toda una **vaina**.
B: Pero sé que podemos resolverlo.

SIMILAR TERMS Cosa, coroto.

SHORT STORY

Bruno y Jenny son dos amigos que acaban de salir de la escuela y están caminando por un parque de Colombia en su camino a casa. El sol brilla en el cielo despejado, y el parque está lleno de árboles verdes y bancas donde la gente se sienta a descansar. Bruno y Jenny se detienen cerca de un lago pequeño donde patos nadan tranquilamente.

Bruno: ¡Qué calor, parce! No veo la hora de llegar a casa y tirarme en la piscina.

Jenny: Sí, con el <u>alargue</u> que la maestra dio a la clase ya no soportaba más. ¿Viste el nuevo <u>coroto</u> que pusieron en el parque?

Bruno: Sí, ese <u>deslizadero</u> es <u>bacano</u>. Me tiré un par de veces y casi me lastimo.

Jenny: Jajaja, qué <u>pelado</u>. Yo también me tiré, pero el tobogán está muy rápido.

Bruno: <u>¿Qué has hecho</u> después de la escuela?

Jenny: Nada, solo estuve charlando con unos amigos. Oye, ¿viste al <u>gamín</u> ese que anda por ahí?

Bruno: Sí, está siempre metido en problemas. Es un <u>pirobo</u> de cuidado.

Jenny: Sí, siempre anda <u>rayado</u> por todo. ¿Y tú cómo has estado?

Bruno: Bien, tranquilo. Ayer fui al cine con mi familia, vimos una película <u>chévere</u>.

Jenny: Qué <u>chimba</u>, yo también quiero ir al cine. ¿Qué película viste?

Bruno: Una de acción, con muchos efectos especiales. Fue una toda una <u>vaina</u>.

Jenny: Suena <u>bacano</u>. A ver si la próxima vez me invitas.

Bruno: Claro, sería chimba ir juntos. Oye, ¿viste al <u>trancón</u> que hay en la entrada del parque?

Jenny: Sí, está pesado. Por eso mejor nos vamos antes de que sea peor.

Bruno: Sí, mejor. Vamos que ya se está haciendo tarde.

Jenny: Dale, vámonos antes de que el <u>tombo</u> nos ponga multa por quedarnos aquí.

Bruno: Jajaja, sí, mejor nos vamos. ¡Qué bacano fue pasar la tarde contigo, Jenny!

Jenny: Igualmente, Bruno. ¡Nos vemos mañana en la escuela!

Bruno: ¡Claro que sí! ¡Chao, parce!

Jenny: ¡Chao!

QUESTIONS

1. ¿Dónde se desarrolla la historia de Bruno y Jenny?

a) En un parque
b) En una casa
c) En la escuela
d) En la piscina

2. ¿Qué coroto nuevo hay en el parque?

a) Tobogán
b) Columpio
c) Mesa de picnic
d) Banco de madera

3. ¿Qué significa la expresión "pirobo" en la historia?

a) Personas divertidas
b) Amigos cercanos
c) Joven problemático
d) Niños pequeños

4. ¿Qué hicieron Bruno y su familia ayer según la historia?

a) Fueron al cine
b) Comieron en un restaurante
c) Jugaron en el parque
d) Viajaron en autobús

5. ¿Qué expresión usan para referirse a la policía?

a) Tombo
b) Gamín
c) Pecueca
d) Coroto

RELATIONSHIPS

RELATIONSHIPS

104. ABRIRSE *(ah-bree-seh)*

DEFINITION   To leave a place or move away.

FORMALITY   Informal.

IN CONTEXT   **A:** La fiesta está aburrida, ¿nos **abrimos** otro lugar?
B: ¡Sí, vámonos! Necesitamos animarnos más.

SIMILAR TERMS   Irse, marcharse.

105. ARRECHO *(ah-reh-cho)*

DEFINITION   To be furious. Wrathful.

FORMALITY   Colloquial.

IN CONTEXT   **A:** Estoy **arrecho** con usted por lo que hizo.
B: ¡No fue mi intención romper tu consola!

SIMILAR TERMS   Enfadado, enojado.

106. ARRUCHARSE *(ah-roo-char-seh)*

DEFINITION   To cuddle closely with your partner.

FORMALITY   Informal.

IN CONTEXT   **A:** Hace mucho frío.
B: Sí, hay que **arrucharnos** mientras vemos una película.

SIMILAR TERMS   Acurrucarse, abrazarse.

RELATIONSHIPS

107. BABILLA *(bah-bee-yah)*

DEFINITION Used to say that a girl is unattractive or not very pretty.

FORMALITY Informal.

IN CONTEXT
A: ¡Te vi anoche con esa **babilla**!
B: No lo digas, es una amiga de mi hermana.

SIMILAR TERMS Fea.

108. BAILANDO AMACIZADO
(bahy-lahn-doh ah-mah-see-zah-doh)

DEFINITION Phrase used to say that a couple is dancing very closely, tightly.

FORMALITY Informal.

IN CONTEXT
A: Terminamos todos **bailando amacizados**.
B: Fue una fiesta genial.

SIMILAR TERMS Bailar pegados.

109. BERRACO *(beh-rah-koh)*

DEFINITION An admirable, strong, extraordinary person or thing.

FORMALITY Informal.

IN CONTEXT
A: ¡Ese examen estuvo **berraco**!
B: Sí, tuve que estudiar mucho para pasar.

SIMILAR TERMS Valiente, audaz.

RELATIONSHIPS

110. BIZCOCHO   *(beez-koh-choh)*

DEFINITION   Beautiful woman/handsome man.

FORMALITY   Informal.

IN CONTEXT   **A:** ¿Fuiste a la fiesta del viernes?
B: Sí, conocí a un chico, era un **bizcocho**.

SIMILAR TERMS   Guapo/a.

111. CAER   *(kah-ehr)*

DEFINITION   Word to describe when someone is wooing another person. Also means to arrive at a place.

FORMALITY   Informal.

IN CONTEXT   **A:** Lucía es muy linda, ¿será que le **caigo**?
B: Claro que sí, a ella también le gustas.

SIMILAR TERMS   Coquetear, llegar.

112. COMERSE EL CUENTO
(koh-mehr-seh el kwentoh)

DEFINITION   To believe something (which is usually a lie).

FORMALITY   Informal.

IN CONTEXT   **A:** No **te comas el cuento** de esa oferta.
B: Tienes razón, debo revisar los detalles.

SIMILAR TERMS   "Caer en las redes".

RELATIONSHIPS

113. CUADRAR *(kwah-drahr)*

DEFINITION
Word for becoming boyfriend and girlfriend. Also means to organize an event.

FORMALITY
Informal.

IN CONTEXT
A: Hoy por fin me **cuadre** con Sofia y estoy muy feliz.
B: ¡Muchas felicidades hermana!

SIMILAR TERMS
Oficializar, arreglar.

114. CUCHIBARBI *(koo-chee-bahr-bee)*

DEFINITION
Used to describe older women who look like a Barbie doll because they want to appear younger than they are.

FORMALITY
Informal.

IN CONTEXT
A: Marcela es una **cuchibarbi**.
B: Sí, no parece tener cuarenta años y dos hijos.

SIMILAR TERMS
Lucir joven.

115. ECHAR LOS PERROS
(eh-char lohs peh-rohs)

DEFINITION
To try to conquer or flirt with someone.

FORMALITY
Colloquial.

IN CONTEXT
A: Juan deja de **echarme los perros**.
B: Es que me encantas, no puedo evitarlo.

SIMILAR TERMS
Coquetear, seducir.

RELATIONSHIPS

116. ENCARRETADO/A *(en-kah-reh-tah-doh/ah)*

DEFINITION To be in love with someone or excited about something (a topic, a hobby, a pastime).

FORMALITY Informal.

IN CONTEXT **A:** Estoy **encarretada** con mi nuevo proyecto.
B: Eso es genial, ¡sigue así!

SIMILAR TERMS Enamorado, ilusionado.

117. GALLINACEAR *(gah-yee-nah-say-ar)*

DEFINITION To romantically pursue another person.

FORMALITY Colloquial.

IN CONTEXT **A:** Lo vi en la fiesta **gallinacear** a la novia de Felipe.
B: ¡Qué paila! Eso no se hace.

SIMILAR TERMS Coquetear, flirtear, echar los perros.

118. MORCHIS *(mor-chees)*

DEFINITION Shortened form of "amorchis", which is a cutesy way of saying "my love".

FORMALITY Informal.

IN CONTEXT **A: Morchis**, ¿has visto mi celular?
B: Me pareció verlo en la cocina.

SIMILAR TERMS Amor, cariño.

RELATIONSHIPS

119. PELAR EL DIENTE   *(peh-lar el dyen-teh)*

DEFINITION   To smile flirtatiously.

FORMALITY   Informal.

IN CONTEXT   A: ¡No te atrevas a **pelarme el diente**!
B: Lo siento, solo estaba bromeando.

SIMILAR TERMS   Sonreír, reír.

120. QUERIDO   *(keh-ree-doh)*

DEFINITION   This is how nice and kind people are called.

FORMALITY   Neutral.

IN CONTEXT   A: Hola, **querido**, ¿cómo estás?
B: ¡Hola! Estoy bien, gracias por preguntar.

SIMILAR TERMS   Amor, cariño, morchis.

121. TE CAIGO   *(teh kai-go)*

DEFINITION   When a person is going to visit someone else.

FORMALITY   Informal.

IN CONTEXT   A: **Te caigo** a medio día en tu casa.
B: Está bien, acá te espero.

SIMILAR TERMS   Llegar, visitar.

RELATIONSHIPS

122. TRAGA *(trah-gah)*

DEFINITION Refers to the person you like or are in love with.

FORMALITY Colloquial.

IN CONTEXT **A:** Voy a invitar a salir a mi **traga**, espero diga que si.
B: Mucha suerte hermano, seguro dirá que sí.

SIMILAR TERMS Interés, pareja, casi algo.

123. TUSA *(too-sah)*

DEFINITION Sadness at the end of a romantic relationship.

FORMALITY Informal.

IN CONTEXT **A**: Después de la ruptura, tiene mucha **tusa**.
B: Dale tiempo, se recuperará.

SIMILAR TERMS Tristeza, desilusión, despecho.

124. VIEJA *(vyeh-hah)*

DEFINITION Used as a synonym for woman.

FORMALITY Informal.

IN CONTEXT **A:** Mi **vieja** cumple años mañana.
B: ¿Vamos a organizarle una sorpresa?

SIMILAR TERMS Mujer, mamá, esposa.

RELATIONSHIPS

125. ZANAHORIO *(sah-nah-o-ryo)*

DEFINITION Someone who does not smoke or drink, who goes to bed early. Someone innocent.

FORMALITY Colloquial.

IN CONTEXT **A:** Ese chico es un **zanahorio,** nunca lo he visto en fiestas.
B: Tal vez no le gusta se ambiente.

SIMILAR TERMS Sano, inocente.

SHORT STORY

Ana y Juan están celebrando otro aniversario juntos en un restaurante acogedor en Bogotá. El lugar está decorado con luces tenues y música suave de fondo, creando un ambiente íntimo y relajado. Ana está vestida con un elegante vestido negro, mientras que Juan lleva un atuendo casual pero arreglado. Ambos están emocionados por celebrar su relación.

Ana: ¡Juan! ¡Qué bonito se ve todo aquí!

Juan: Sí, amor, quería que fuera una noche especial para nosotros.

Ana: ¿Y qué vamos a pedir de cenar?

Juan: Pues he mirado el menú y creo que vamos a empezar con una bandeja paisa. ¿Te parece?

Ana: ¡Perfecto! Y de plato beber, ¿qué tal un jugo de lulo?

Juan: ¡Suena delicioso! Me dijeron que aquí lo hacen muy bien.

Ana: Oye, ¿te acuerdas de cuando nos conocimos en aquella fiesta universitaria?

Juan: ¡Claro que sí! Estábamos los dos <u>arruchados</u> en la pista de baile, <u>bailando amacizados</u> como si nos conociéramos.

Ana: Jaja, sí, esa noche fue muy divertida. Y luego, tú querías <u>caerme</u> tratando de <u>echarme los perros</u>.

Juan: ¡No podía resistirme a tu encanto, <u>morchis</u>!

Ana: Ay, Juan, eres un tonto.

Juan: Bueno, pero al final <u>cuadramos</u> y aquí estamos, celebrando otro año juntos.

Ana: Sí, tienes razón. Y gracias por siempre aguantarme, aunque a veces sea un poco <u>arrecha</u> por imperfectos mínimos.

Juan: ¡Qué va! Tú sabes que te estoy loco por ti.

Ana: Y yo de ti, <u>querido</u>. Hemos pasado por mucho, ¿recuerdas cuando nos fuimos de viaje a la playa y rompimos? Te dio una <u>tusa</u> terrible.

Juan: ¡Uy, no me lo recuerdes!

Ana: Pero igual lo superamos, ¿no?

Juan: Sí, claro. Aunque prefiero evitar ese recuerdo en el futuro.

Ana: Jaja, lo tendré en cuenta. En fin, gracias por esta noche, Juan. Eres el mejor compañero de vida que podría pedir.

Juan: Y tú la mejor compañera. ¡Por muchos años más juntos!

Continúan disfrutando de la cena y la velada, compartiendo risas y recuerdos mientras celebran su relación.

QUESTIONS

1. ¿Dónde celebran Ana y Juan su aniversario?

a) En un parque
b) En un restaurante
c) En la casa de Ana
d) En un club nocturno

2. ¿Cómo está decorado el restaurante?

a) Con luces brillantes
b) Con música fuerte
c) Con luces tenues y música suave
d) Con colores vibrantes

3. ¿Qué tipo de comida piden como entrada?

a) Bandeja paisa
b) Bizcocho de carne
c) Salpicón
d) No piden nada

4. ¿Cómo se conocieron Ana y Juan?

a) Bailando amacizados en la playa
b) Echándose los perros en una fiesta universitaria
c) Pelando el diente en un restaurante
d) Tragando tusa en un viaje

5. ¿Qué expresión utiliza Ana para referirse a Juan al final?
a) Zanahorio
b) Vieja
c) Querido
d) Traga

SHOPPING
SUPERMARKET

SHOPPING / SUPERMARKET

126. CACHUCHA   *(kah-choo-chah)*

DEFINITION   Synonym of cap.

FORMALITY   Neutral.

IN CONTEXT
A: ¿Dónde dejaste mi **cachucha**?
B: Está en la sala, la vi allí.

SIMILAR TERMS   Gorra, sombrero.

127. CHANDA   *(chan-dah)*

DEFINITION   Something of poor quality or bad attributes or characteristics.

FORMALITY   Informal.

IN CONTEXT
A: ¿Qué opinas de este vestido?
B: No me gusta, se ve muy **chanda**.

SIMILAR TERMS   Barato, chafa, insignificante.

128. CHICHIPATO/A   *(chee-chee-pah-toh/ah)*

DEFINITION   Someone who is very stingy.

FORMALITY   Informal.

IN CONTEXT
A: No me prestó dinero, es muy **chichipato**.
B: A veces hay personas que no saben compartir.

SIMILAR TERMS   Codo, tacaño, mezquino.

SHOPPING / SUPERMARKET

129. CHIMBO   *(cheem-boh)*

DEFINITION   Refers to something of poor quality, a replica, or something fake.

FORMALITY   Informal.

IN CONTEXT   **A:** Los zapatos que compré resultaron ser **chimbos**.
B: Qué pena, gastaste dinero en vano.

SIMILAR TERMS   Chanda, falso, chafa.

130. CHIVIADO   *(chee-bee-ah-doh)*

DEFINITION   Object of dubious origin, pirate, or of very poor quality.

FORMALITY   Informal.

IN CONTEXT   **A:** Tus compras parecen puros productos **chiviados**.
B: No lo creo, estoy seguro que son originales.

SIMILAR TERMS   Pirata, imitación, falso.

131. CHORO   *(cho-roh)*

DEFINITION   Colloquial term to refer to a thief.

FORMALITY   Colloquial.

IN CONTEXT   **A:** Un **choro** se metió a la tienda.
B: ¿Estás bien? ¿Te hizo algo?

SIMILAR TERMS   Ladrón, delincuente.

SHOPPING / SUPERMARKET

132. CHURUMBELO *(choo-room-beh-lo)*

DEFINITION Word used to refer to a curly ornament or tassel that hangs.

FORMALITY Neutral.

IN CONTEXT
A: La lámpara tiene unos **churumbelos** de adorno.
B: ¡Son muy lindos!

SIMILAR TERMS Adorno, decoración.

133. CHUSPA *(choos-pah)*

DEFINITION The term used to refer to a plastic bag.

FORMALITY Neutral.

IN CONTEXT
A: Olvide la **chuspa** con las compras en la tienda.
B: Voy de camino, puedo pasar recogiéndola.

SIMILAR TERMS Bolsa, mochila.

134. CON MUCHO GUSTO
(kon moo-choh goo-stoh)

DEFINITION When you thank for something received, bought, or a service, you'll always get this response.

FORMALITY Neutral.

IN CONTEXT
A: Gracias por su compra.
B: Con mucho gusto, me gusta comprar en esta tienda.

SIMILAR TERMS De nada, con placer.

SHOPPING / SUPERMARKET

135. DROGUERÍA   *(droh-geh-ree-ah)*

DEFINITION   Synonymous with pharmacy.

FORMALITY   Neutral.

IN CONTEXT   **A:** Necesito ir a la **droguería** por medicinas.
B: ¿Quieres que vaya contigo?

SIMILAR TERMS   Farmacia.

136. HACER VACA   *(ah-ser vah-kah)*

DEFINITION   Collecting money for someone in need or to split a bill among friends.

FORMALITY   Informal.

IN CONTEXT   **A:** Vamos a **hacer vaca** para comprar los regalos.
B: Sí, entre todos será más fácil.

SIMILAR TERMS   Recolectar, cooperar, cooperacha.

137. IMPULSADOR/A   *(eem-pool-sah-dor/ah)*

DEFINITION   Person responsible for promoting products within a commercial establishment.

FORMALITY   Neutral.

IN CONTEXT   **A:** ¿Por qué estás tan feliz?
B: Conseguí trabajo como **impulsador** en una tienda.

SIMILAR TERMS   Promotor/a, vendedor/a.

138. LÍCHIGO   *(lee-chee-goh)*

DEFINITION   Stingy person who never shares or wants to spend their money.

FORMALITY   Informal.

IN CONTEXT   **A:** Juan es tan **lichigo** que no gasta en su novia.
B: Pobre muchacha, que pena por ella.

SIMILAR TERMS   Codo, tacaño.

139. LUCAS   *(loo-kahs)*

DEFINITION   Alternative name for the currency of Colombia, which is the peso.

FORMALITY   Informal.

IN CONTEXT   **A:** ¿Me prestas dos **lucas** para el almuerzo?
B: Sí, aquí tienes.

SIMILAR TERMS   Dinero, efectivo.

140. MANDADO   *(man-dah-doh)*

DEFINITION   Refers to a favor someone asked for or a task they were assigned.

FORMALITY   Neutral.

IN CONTEXT   **A:** ¿Me haces un **mandado**?
B: Sí, ¿qué necesitas?

SIMILAR TERMS   Encargo, tarea.

SHOPPING / SUPERMARKET

141. ME REGALA   *(meh reh-gah-lah)*

DEFINITION
Phrase used to request something in a store, always with the intention of paying.

FORMALITY
Informal.

IN CONTEXT
A: **Me regala** una gaseosa con papas fritas.
B: ¿Para llevar o para consumir en el local?

SIMILAR TERMS
Me vende.

142. MEDIA   *(meh-dee-ah)*

DEFINITION
Word used to refer to socks.

FORMALITY
Neutral.

IN CONTEXT
A: ¿Has visto mis **medias** rojas?
B: Creo que las vi en la lavadora.

SIMILAR TERMS
Calcetín, calcetas.

143. QUIMBAS   *(keem-bahs)*

DEFINITION
It refers to all kinds of footwear, but more specifically to sandals.

FORMALITY
Informal.

IN CONTEXT
A: ¿Sera que me puede cooperar a buscar las **quimbas**?
B: Sí, ¿dónde las viste la última vez?

SIMILAR TERMS
Zapato, sandalias.

SHOPPING / SUPERMARKET

144. REVUELTERÍA *(reh-bwel-teh-ree-ah)*

DEFINITION
Small or medium-sized establishment where fruits and vegetables are sold.

FORMALITY
Neutral.

IN CONTEXT
A: ¿Vamos a la **revueltería**?
B: Sí, quiero comprar algunas cosas para la cena.

SIMILAR TERMS
Verdulería, bodega.

145. VITRINEAR *(vee-tree-neh-ar)*

DEFINITION
To go to a shopping mall and look at the stores without buying anything.

FORMALITY
Neutral.

IN CONTEXT
A: Vamos a **vitrinear** un rato.
B: ¡Claro, me encanta mirar tiendas!

SIMILAR TERMS
Mirar, pasear.

SHORT STORY

Rosa y Sonia son dos amigas que han decidido pasar la tarde en un concurrido centro comercial en Bogotá. La escena comienza en el patio de comidas, donde se encuentran buscando un lugar para sentarse y disfrutar de un buen café.

Rosa: ¡Ay, Sonia, qué <u>chanda</u> este centro comercial! Siempre está lleno de gente.

Sonia: Sí, es que aquí todos hacen vaca los fines de semana y se viene a <u>vitrinear</u>.

Rosa: ¡Exacto! Gracias por acompañarme hoy a comprar unas <u>quimbas</u> para el hogar.

Sonia: <u>¡Con mucho gusto!</u> ¡Qué más necesitas? Tal vez pueda ayudarte a buscar.

Rosa: Necesito unos accesorios para mi cocina y algunas verduras para la cena.

Sonia: ¿Y cuántas <u>lucas</u> te vas a gastar en eso?

Rosa: Creo que unas pocas, no son cosas tan caras.

Sonia: Bueno, mientras tanto vamos a buscar un lugar para sentarnos y tomar un café.

Ambas amigas caminan por el centro comercial. Encuentran finalmente un lugar en un cafetería cerca de la entrada.

Rosa: ¡Qué lindo está esto!

Sonia: Sí, y aquí siempre sirven un café para nada <u>chiviado</u>.

Rosa: ¿Y qué te parece si después de esto nos damos una vuelta por las tiendas? Seguro encontramos una <u>revueltería</u> donde comprar lo que necesito.

Sonia: ¡Claro! Me encanta vitrinear y ver todas las cosas que tienen.

Rosa: Oye, ¿tú tienes algún <u>mandado</u> que hacer hoy?

Sonia: Sí, debo pasar por la tienda de música a comprar unas revistas de guitarra para mi hermano. ¿Te animas a acompañarme?

Rosa: ¡Por supuesto! Además, así me distraigo un rato y no pienso en comprar otras cosas.

Sonia: Jajaja, siempre tan <u>chichipata</u> con eso.

Rosa: Bueno, ¡terminemos el café y vayamos a hacer las compras!

QUESTIONS

1. ¿Dónde deciden pasar la tarde Rosa y Sonia?

a) En un parque
b) En un centro comercial
c) En una biblioteca
d) En un cine

2. ¿Qué necesita comprar Rosa?

a) Un lichigo y una cachucha
b) Unas cosas para su hogar
c) Un choro y una chuspa
d) Una vitrina y un churumbelo

3. ¿Qué planean al final las amigas después de tomar café?

a) Van a ver una película
b) Se van a casa
c) Se ponen a trabajar
d) Ir a vitrinear y a una tienda de música

4. ¿Qué significa "vitrinear" según el contexto de la historia?

a) Ir de compras
b) Ahorrar dinero
c) Pasear por las tiendas
d) Cocinar en casa

5. ¿Qué quiso decir Sonia al llamar a Rosa "chichipata"?

a) Que es ordenada
b) Que es detallista
c) Que es tacaña
d) Que es amable

WITH FAMILY

WITH FAMILY

146. APORREARSE *(ah-poh-reh-ar-seh)*

DEFINITION Refers to hitting or injuring oneself.

FORMALITY Neutral.

IN CONTEXT
A: Ayer me **aporreé** con la bicicleta y me lastimé.
B: ¡Espero que te mejores pronto!

SIMILAR TERMS Caerse, golpearse.

147. BALDE *(bahl-deh)*

DEFINITION Word used to refer to a laundry tub.

FORMALITY Neutral.

IN CONTEXT
A: ¿Me pasas el **balde** de ropa?
B: Sí, dame un momento,

SIMILAR TERMS Cubeta, recipiente.

148. BORONDO *(boh-ron-doh)*

DEFINITION Short and casual walk done by foot or vehicle.

FORMALITY Informal.

IN CONTEXT
A: ¿A donde fueron?
B: Salimos en el carro de **borondo** por el barrio.

SIMILAR TERMS Caminata, paseo.

WITH FAMILY

149. CAMPECHANA *(kam-peh-cha-nah)*

DEFINITION Hammock made of leather strips.

FORMALITY Neutral.

IN CONTEXT
A: Tomaré una siesta en la **campechana**.
B: Está bien, te despertaré para el almuerzo.

SIMILAR TERMS Hamaca.

150. CHANCLETA *(chan-kleh-tah)*

DEFINITION A type of sandal made of a sole held to the foot by a strip or cord.

FORMALITY Neutral.

IN CONTEXT
A: Si no haces la tarea, te doy con la **chancleta**.
B: Está bien, lo haré.

SIMILAR TERMS Sandalia.

151. CHIFLORETO *(chee-floh-reh-to)*

DEFINITION Referred to as someone foolish, who has lost their mind.

FORMALITY Informal.

IN CONTEXT
A: Esa excusa es un completo **chifloreto**.
B: Sí, no tiene sentido alguno.

SIMILAR TERMS Sin sentido, necio, desordenado.

152. CHINO *(chee-noh)*

DEFINITION   Word used to refer to a young child.

FORMALITY   Informal.

IN CONTEXT
A: Mi hermano es el **chino** de la familia.
B: ¡Yo lo soy en la mía!

SIMILAR TERMS   Niño, joven.

153. COGER OFICIO *(koh-her o-fee-syoh)*

DEFINITION   To call attention to someone who is misbehaving or bothering.

FORMALITY   Informal.

IN CONTEXT
A: ¿Por qué no le preguntas a Juan?
B: No sé, él nunca **coge oficio** en las disputas.

SIMILAR TERMS   Ponerse serio, responsabilizarse.

154. CUCHO/A *(koo-choh/ah)*

DEFINITION   Elderly person, generally of old age.

FORMALITY   Colloquial.

IN CONTEXT
A: Mi abuelo es todo un **cucho**.
B: Debe tener muchas historias interesantes.

SIMILAR TERMS   Anciano/a, abuelo/a.

WITH FAMILY

155. CULICAGADO/A *(koo-lee-kah-gah-doh/ah)*

DEFINITION Person who is younger or immature.

FORMALITY Colloquial.

IN CONTEXT A: Ese niño es un **culicagado**.
B: Sí, siempre está haciendo travesuras.

SIMILAR TERMS Niño pequeño, inmaduro.

156. CUMBAMBA *(koom-bahm-bah)*

DEFINITION Refers to the chin.

FORMALITY Informal.

IN CONTEXT A: ¡Escuché que Felipe se peleó con alguien!
B: Sí, lo golpearon en la **cumbamba** hasta que se rindió.

SIMILAR TERMS Mentón.

157. DE RACA MANDACA
(deh rah-kah man-dah-kah)

DEFINITION Expression used to exalt the virtues of a person or a specific situation.

FORMALITY Informal.

IN CONTEXT A: Prefiero un trabajo bien, no algo **de raca mandaca**.
B: Entiendo, la calidad es importante.

SIMILAR TERMS Exagerar.

WITH FAMILY

158. DESENTEJADO   *(deh-sen-teh-hah-doh)*

DEFINITION   A friendly and funny way to tell someone they are going bald.

FORMALITY   Informal.

IN CONTEXT   **A:** Mi padre se esta quedando **desentejado**.
B: Seguro es por es estrés en el trabajo.

SIMILAR TERMS   Despeinado, clavo, pelado.

159. ENVOLATAR   *(en-vo-lah-tar)*

DEFINITION   To distract, usually with the intention of deceiving.

FORMALITY   Neutral.

IN CONTEXT   **A:** Ten cuidado en el bando, hija.
B: Sí, no me dejaré **envolatar** por nadie.

SIMILAR TERMS   Distraer, molestar.

160. FOQUIADO   *(foh-kee-ah-doh)*

DEFINITION   Refers to a person who is deeply asleep.

FORMALITY   Informal.

IN CONTEXT   **A:** Después de la fiesta, quedé **foquiada**.
B: Descansa, seguro te sentirás mejor mañana.

SIMILAR TERMS   Dormido, confundido.

WITH FAMILY

161. FRESCO   *(frehs-coh)*

DEFINITION   To be relaxed, calm, without worries.

FORMALITY   Neutral.

IN CONTEXT   **S:** ¿Cómo que no vas a venir?
B: Relájate, era broma. Estoy **fresco**, ya voy llegando.

SIMILAR TERMS   Relajado, calmado.

162. GUACHE   *(gwa-cheh)*

DEFINITION   Derogatory term referring to a despicable and contemptible person.

FORMALITY   Informal.

IN CONTEXT   **A:** Esa actitud es muy **guache**.
B: Sí, debería ser más considerado.

SIMILAR TERMS   Inexperto.

163. GUAMBITO/A   *(gwa-mbee-toh/ah)*

DEFINITION   Word to refer to a boy or a girl.

FORMALITY   Informal.

IN CONTEXT   **A:** ¿Viste a ese **guambito** en la esquina?
B: Sí, parece perdido.

SIMILAR TERMS   Niño o niña.

164. HUMOR   *(oo-mor)*

DEFINITION   Body odor that identifies a person.

FORMALITY   Neutral.

IN CONTEXT
A: Marina siempre tiene un **humor** agradable.
B: Sí, quiero saber el nombre del perfume que usa.

SIMILAR TERMS   Olor, aroma.

165. MALAMAZAO   *(mah-lah-mah-sah-oh)*

DEFINITION   Refers to a spoiled person.

FORMALITY   Informal.

IN CONTEXT
A: Bruno es una chico **malamazao**.
B: Sí, fue muy mimado por sus padres.

SIMILAR TERMS   Mimado.

166. PUYAR EL BURRO   *(poo-yar el buh-rroh)*

DEFINITION   This expression is used to mean to hurry up, get alert, or have to do something in a hurry.

FORMALITY   Informal.

IN CONTEXT
A: Necesitas **puyar el burro** si quieres lograrlo.
B: Tienes razón, voy a esforzarme más**.**

SIMILAR TERMS   Estar ansioso, impaciente.

WITH FAMILY

167. REBLUJO *(reh-bloo-ho)*

DEFINITION   To tangle or disarrange something.

FORMALITY   Informal.

IN CONTEXT
A: Mi habitación es un **reblujo** total.
B: Ni que lo digas, debes empezar a limpiarla.

SIMILAR TERMS   Desorden.

168. SALTATAPIAS *(sahl-tah-tah-pee-ahs)*

DEFINITION   Refers to someone who is nosy, gossipy.

FORMALITY   Informal.

IN CONTEXT
A: Ese tipo es un **saltatapias,** siempre critica a todos.
B: Entiendo, no me acercaré mucho a él.

SIMILAR TERMS   Intruso, chismoso.

169. SIRVA PA' ALGO *(seer-vah pah al-goh)*

DEFINITION   It's a more colloquial way of asking for a favor, usually used by parents with their children.

FORMALITY   Colloquial.

IN CONTEXT
A: Apresúrate a limpiar tu cuarto, **sirva pa' algo**.
B: Claro, mamá.

SIMILAR TERMS   Sea útil, funcional.

SHORT STORY

Sergio y Omar son dos amigos cercanos que comparten un apartamento en Bogotá. Están haciendo la limpieza general del lugar en un sábado por la tarde. El apartamento es pequeño pero acogedor, con muebles sencillos y decoración colorida. Afuera, se escucha el bullicio típico de la ciudad, con el sonido de los carros y la gente que pasa por la calle.

Sergio: ¡Omar, este apartamento está hecho un <u>reblujo</u>!

Omar: Sí, ya era hora de hacerle un buen aseo. ¿Por dónde empezamos?

Sergio: Primero, vamos a recoger todo lo que está por el suelo. No puedo seguir viviendo en este desorden.

Omar: Tienes razón, la pila de ropa parece un <u>balde</u> sin fondo. Voy por la escoba para empezar a ordenar.

Sergio: ¡Y no te olvides de recoger esos libros que dejaste tirados por ahí!

Omar: ¡Ajá! Pero también tú debes <u>coger oficio</u> y dejar de dejar tus cosas regadas por toda la casa.

Sergio: Está bien, está bien. No busques <u>envolatarte</u> tan rápido.

Omar: ¿Distraerme yo? ¡Siempre eres tú el que anda con la cabeza en las nubes!

Sergio: Bueno, bueno. Dejemos de pelear y a <u>puyar el burro</u>.

Omar: ¿Has visto el reblujo que dejó la fiesta de anoche?

Sergio: Sí, eso fue un locuta total. Ni siquiera recuerdo cómo terminamos así.

Omar: Pero qué <u>humor</u>, Sergio. Estás siempre de buen ánimo, a pesar de todo.

Sergio: Hay que sacarle el mejor provecho a la vida, Omar. No podemos estar siempre con la <u>cumbamba</u> seria.

Omar: Tienes razón. Bueno, vamos a ponernos manos a la obra y dejar este lugar como nuevo.

Sergio: ¡Exacto! Nuestro apartamento puede ser pequeño, pero <u>sirve pa' algo</u>. Es nuestro refugio en esta ciudad tan agitada.

Omar: Y con nuestra buena disposición, siempre podemos hacer que este lugar se sienta como en casa.

Sergio: Así es, amigo. ¡A limpiar se ha dicho.

QUESTIONS

1. ¿Dónde se desarrolla la historia?

a) México
b) Colombia
c) Argentina
d) España

2. ¿Qué están haciendo Sergio y Omar en la historia?

a) Cocinando
b) Jugando videojuegos
c) Haciendo la limpieza
d) Durmiendo

3. ¿Qué palabra utilizan los chicos para referirse a desorden?

a) Balde
b) Chancleta
c) Cucho
d) Reblujo

4. ¿Qué significa "coger oficio" según el diálogo?

a) Dejar las cosas regadas
b) Comenzar a trabajar
c) Pelear con el amigo
d) Estar fresco

5. ¿Cómo describen los personajes su apartamento al final?

a) Como un lugar desordenado
b) Como un refugio en la ciudad
c) Como un lugar pequeño e incómodo
d) Como un caos total

WITH FRIENDS

WITH FRIENDS

170. ACHANTADO *(ah-chan-tah-do)*

DEFINITION   Feeling down, sad, or unmotivated.

FORMALITY   Informal.

IN CONTEXT   **A:** No quiero hablar en público, me pongo **achantada**.
B: No te preocupes, yo te apoyo. Sé que lo harás genial.

SIMILAR TERMS   Desanimado, desmotivado, bajoneado.

171. ALETOSO *(ah-leh-toh-so)*

DEFINITION   Someone looking for a fight.

FORMALITY   Informal.

IN CONTEXT   **A:** Es un man muy **aletoso**, y por eso le va mal.
B: Lo sé, por eso prefiero no hablarle.

SIMILAR TERMS   Conflictivo, peleonero.

172. AMAÑADO *(ah-mah-nyah-do)*

DEFINITION   Refers to a person who is adapted or feels comfortable in a place.

FORMALITY   Informal.

IN CONTEXT   **A:** ¿Cómo conseguiste esa entrada tan buena?
B: Estoy **amañado**, tengo contactos en todas partes.

SIMILAR TERMS   Arreglado, preparado.

WITH FRIENDS

173. BOLOLOI *(boh-loh-loy)*

DEFINITION Equivalent to problem.

FORMALITY Informal.

IN CONTEXT A: No entiendo qué esta pasando, es un **bololoi**.
B: Tranquilo, juntos lo resolveremos.

SIMILAR TERMS Problema, desorden, caos.

174. CACHÉ *(kah-sheh)*

DEFINITION Used to refer to people, situations, or objects that are characteristic of high social strata.

FORMALITY Informal.

IN CONTEXT A: Esa marca es muy **caché**.
B: Sí, por eso es bastante cara.

SIMILAR TERMS Estilo, elegancia.

175. CASCAR *(kahs-kar)*

DEFINITION Refers to hitting.

FORMALITY Informal.

IN CONTEXT A: Si sigue molestado lo van a **cascar**.
B: Sí, dile que se detenga.

SIMILAR TERMS Golpear, pegar.

WITH FRIENDS

176. CAYETANO *(kah-ye-tah-noh)*

DEFINITION   A person who remains silent for a long time.

FORMALITY   Colloquial.

IN CONTEXT
A: ¿Por que estas tan **cayetano** parce? ¡Dime algo!
B: Me duele mucho la garganta, no quiero hablar.

SIMILAR TERMS   Silencioso, calmado.

177. CHANGÓ *(chan-goh)*

DEFINITION   Refers to going dancing, this expression is only used in the city of Cali.

FORMALITY   Informal.

IN CONTEXT
A: ¿Algún plan para el fin de semana?
B: ¡Sí! Vámonos de **changó**.

SIMILAR TERMS   Bailar, rumba, fiesta.

178. CHARRO *(char-roh)*

DEFINITION   Thing or person that causes a lot of laughter or is very funny.

FORMALITY   Informal.

IN CONTEXT
A: Esto está super **charro**.
B: Lo es, te dije que te divertirías mucho en la feria.

SIMILAR TERMS   Divertido, gracioso.

WITH FRIENDS

179. CHOCA   *(cho-kah)*

DEFINITION   Gathering of friends and neighbors performing various activities for the community's benefit.

FORMALITY   Informal.

IN CONTEXT   A: ¿Por qué estamos reunidos?
B: Organizaremos una **choca** para mejorar la comunidad.

SIMILAR TERMS   Reunión, actividad comunitaria.

180. GOMELO   *(goh-meh-loh)*

DEFINITION   Refers to a person with money who is very conceited and who dresses and acts like a snob.

FORMALITY   Informal.

IN CONTEXT   A: Ese chico es un **gomelo**, siempre presume sus cosas.
B: Sí, a veces es molesto.

SIMILAR TERMS   Presumido, vanidoso.

181. GUACHAFITA   *(gwa-cha-fee-tah)*

DEFINITION   Synonymous with party, or where there is a lot of noise and disorder.

FORMALITY   Informal.

IN CONTEXT   A: Hicimos una **guachafita** en la playa.
B: Fue divertido, deberíamos hacerlo más seguido.

SIMILAR TERMS   Fiesta, rumba, reunión.

WITH FRIENDS

182. GUAYABO   *(gwhy-ah-boh)*

DEFINITION   Hangover from drinking too much alcohol.

FORMALITY   Informal.

IN CONTEXT   **A:** Ayer bebí demasiado, hoy tengo un **guayabo** terrible.
B: Deberías descansar y tomar mucha agua.

SIMILAR TERMS   Resaca, malestar.

183. GÜEVÓN   *(gweh-von)*

DEFINITION   Synonym for foolish.

FORMALITY   Colloquial.

IN CONTEXT   **A:** Deja de ser **güevón** y haz tus tareas.
B: ¡Ok, ok! Voy a empezar ahora mismo.

SIMILAR TERMS   Perezoso, holgazán.

184. HACER EL DOS (A ALGUIEN)
(ah-ser el dohs)

DEFINITION   To do a favor for someone else.

FORMALITY   Informal.

IN CONTEXT   **A:** ¿Oye, me **haces el dos** con un trabajo?
B: Claro, dame los detalles y te ayudo.

SIMILAR TERMS   Hacer un favor.

WITH FRIENDS

185. INTENSO   *(een-ten-soh)*

DEFINITION   When someone is so insistent that they end up annoying you.

FORMALITY   Neutral.

IN CONTEXT   **A:** ¿Por qué eres tan **intenso** con ese tema?
B: Es importante para mí, por eso lo trato con seriedad.

SIMILAR TERMS   Exagerado, molesto, insistente.

186. LLAVE   *(yah-veh)*

DEFINITION   Informal way to call a friend or trusted person.

FORMALITY   Colloquial.

IN CONTEXT   **A:** ¡Martín, apresúrate a venir!
B: No me grite **llave**, ¡ya voy!

SIMILAR TERMS   Amigo, camarada, parce.

187. LLEVADO   *(yeh-bah-doh)*

DEFINITION   Feeling unwell or being in poor condition.

FORMALITY   Informal.

IN CONTEXT   **A:** ¿Por que Pedro se ve tan **llevado**? ¿Le pasó algo?
B: Sí, tuve un pequeño accidente antes de llegar.

SIMILAR TERMS   Desarreglado.

WITH FRIENDS

188. LOCHA   *(loh-chah)*

DEFINITION   To laze around or do nothing in particular.

FORMALITY   Informal.

IN CONTEXT   **A:** No hice mas que **locha** todo el día
B: Yo también, ya me aburrí de las vacaciones.

SIMILAR TERMS   No hacer nada.

189. MAMÓN   *(Mah-mon)*

DEFINITION   Refers to someone who is exhausting or tiresome.

FORMALITY   Informal.

IN CONTEXT   **A:** Pedro es un **mamón**, no quiero verlo nunca mas.
B: Lo siento, no te lo volveré a mencionar.

SIMILAR TERMS   Egoísta, egocéntrico.

190. ÑERO   *(nyeh-roh)*

DEFINITION   Used for young street people, sometimes violent or tricky.

FORMALITY   Colloquial.

IN CONTEXT   **A:** Ese tipo es un **ñero**, mejor no te acerques.
B: Gracias por la advertencia.

SIMILAR TERMS   Delincuente, maleante.

WITH FRIENDS

191. PARCERO *(par-seh-roh)*

DEFINITION	Way of calling friends. It can also be shortened to "parce".
FORMALITY	Informal.
IN CONTEXT	**A:** ¿Cómo estás, **parcero**? **B:** Bien, ¿y tú?
SIMILAR TERMS	Amigo, compañero, llave.

192. PARCHE *(pahr-cheh)*

DEFINITION	It refers to a plan or gathering among friends.
FORMALITY	Informal.
IN CONTEXT	**A:** Vayamos a la playa, necesito un buen **parche**. **B:** ¡Claro, será divertido!.
SIMILAR TERMS	Grupo.

193. PINTA *(peen-tah)*

DEFINITION	Saying a man is cute or handsome.
FORMALITY	Informal.
IN CONTEXT	**A:** Esa muchacho tiene mucha **pinta**. **B:** Sí, me encanta su estilo.
SIMILAR TERMS	Apuesto, guapo.

194. PRENDIDO/A   *(prehn-dee-doh/ah)*

DEFINITION   Word used to describe a person who has been drinking alcohol but is only lightly intoxicated.

FORMALITY   Informal.

IN CONTEXT   **A:** Está **prendido** pero mañana no recordará nada.
B: Sí, es un tonto por beber tanto.

SIMILAR TERMS   Animado, borracho.

195. RECOCHA   *(reh-koh-chah)*

DEFINITION   To have fun in a disorderly and noisy way.

FORMALITY   Informal.

IN CONTEXT   **A:** No me gusta la **recocha** en el trabajo.
B: Entiendo, deberíamos ser más profesionales.

SIMILAR TERMS   Desorden, caos.

196. RUMBEAR   *(room-beh-ar)*

DEFINITION   To go partying, to go out to celebrate or have fun.

FORMALITY   Informal.

IN CONTEXT   **A:** ¿Quieres **rumbear** este fin de semana?
B: ¡Claro, vamos a divertirnos!

SIMILAR TERMS   Reunión, juntada.

WITH FRIENDS

197. SACAR LA PIEDRA
(sah-kar lah pye-drah)

DEFINITION   Expression meaning that something made us angry.

FORMALITY   Informal.

IN CONTEXT
A: Deja de **sacarme la piedra**.
B: Está bien, no era mi intención molestarte.

SIMILAR TERMS   Molestar, fastidiar.

198. TOQUE   *(toh-keh)*

DEFINITION   A gig refers to a concert given by a small band usually in small venues.

FORMALITY   Neutral.

IN CONTEXT
A: ¿Quieres salir hoy?
B: Si, justo conseguí entradas para un **toque**.

SIMILAR TERMS   Presentación, concierto pequeño.

199. UN CHORRO   *(oon cho-roh)*

DEFINITION   To take a sip of an alcoholic drink or even the whole bottle.

FORMALITY   Colloquial.

IN CONTEXT
A: ¿Conoces a Juan?
B: Sí, es el man que se tomó **un chorro** de vodka ayer.

SIMILAR TERMS   Sorbo, shot.

WITH FRIENDS

200. WHISKERÍA   *(wees-keh-ree-ah)*

DEFINITION	Place where they do dances or erotic shows.
FORMALITY	Neutral.
IN CONTEXT	**A:** ¿Vamos a la **whiskería** esta noche? **B:** Sí, será divertido.
SIMILAR TERMS	Bar, licorería.

SHORT STORY

En una cálida tarde de Bogotá, el grupo de amigos se reúne en la terraza del apartamento de Enzo para celebrar su cumpleaños. El ambiente está lleno de alegría y expectativa, con una mesa llena de comida típica colombiana y bebidas refrescantes. Liliana, Lucero, Mauricio y Enzo se encuentran disfrutando de la brisa mientras conversan y se preparan para pasar un buen rato juntos.

Liliana: ¡Feliz cumpleaños, Enzo! ¿Cómo te sientes siendo un año mayor?

Enzo: Gracias, Lili. La verdad, no me siento igual de <u>achantado</u> que siempre, hoy estoy muy feliz ¿y tú?

Liliana: Jaja, siempre tan sarcástico con tus comentarios. Yo ya estoy <u>amañada</u>, lista para el <u>changó</u>.

Lucero: ¡Hola! ¿Ya empezaron con el trago?

Mauricio: ¡Qué va! Solo <u>un chorro</u> para animarnos.

Enzo: No se preocupen, la <u>whiskería</u> está abierta toda la noche.

Liliana: ¿Y qué más hay en el <u>parche</u> hoy?

Mauricio: Pues traigo unos bolillos que van a encantarles.

Lucero: ¡Eso suena muy bien!

Enzo: Y yo preparé una buena mezcla de música para la <u>guachafita</u> de esta noche.

Mauricio: ¡Bacán, Enzo!

Liliana: ¿Alguien me hace el dos con las bebidas?

Lucero: Yo paso, no quiero tener un guayabo mañana.

Enzo: Pues yo sí me animo, no puedo dejar de rumbear en mi cumpleaños.

Lucero: Hablando de rumbear, ¿qué tal la última vez que fuimos a una recocha del centro?

Mauricio: ¡Fue una fiesta a lo grande! Terminamos todos prendidos.

Enzo: Esa noche sí que nos divertimos.

Liliana: ¡Ahí sí que estábamos un totalmente locos!

Lucero: La próxima vez tenemos que armar otro parche así.

Mauricio: Totalmente de acuerdo.

Enzo: Bueno, ¡vamos a disfrutar de esta noche de cumpleaños! ¡Salud, parcero!

Todos brindan y continúan disfrutando de la celebración en la terraza, con risas, música y buenos momentos compartidos.

QUESTIONS

1. ¿Dónde se lleva a cabo el cumpleaños de Enzo?

a) En un restaurante
b) En la terraza de un apartamento
c) En un parque
d) En una discoteca

2. ¿Qué tipo de comida se menciona en la celebración?

a) Comida italiana
b) Comida típica colombiana
c) Comida china
d) Comida rápida

3. ¿Qué significa "hacer el dos" según la historia?

a) Hacer la segunda
b) Beber alcohol
c) Comer
d) Cantar

4. ¿Quién está "amañada" y lista para rumbear?

a) Liliana
b) Lucero
c) Mauricio
d) Enzo

5. ¿Qué palabra usan para referirse a un lugar donde venden bebidas?

a) Recocha
b) Whiskería
c) Bololoi
d) Changó

ANSWERS SHEET

At the restaurant

1. c
2. a
3. c
4. b
5. c

At work

1. b
2. c
3. b
4. a
5. d

Emotions and attitudes

1. b
2. b
3. b
4. a
5. c

Everyday life

1. a
2. a
3. c
4. a
5. a

Relationships

1. b
2. c
3. a
4. b
5. c

Shopping/Supermarket

1. b
2. b
3. d
4. c
5. c

With family

1. b
2. c
3. d
4. b
5. b

With friends

1. b
2. b
3. a
4. a
5. b

FINAL WORDS

We want to express our gratitude for choosing **Colombian Spanish Phrasebook** as your guide to learning Spanish.

We aim to offer you new ways to learn Spanish, breaking away from the monotony of traditional courses. Therefore, we trust that you'll find this book accessible, comfortable, and interesting.

Remember that learning a new language isn't just about words on paper; it's also about experiences and cultural connections. We hope that the 200 words and phrases have expanded your vocabulary and contributed to a deeper understanding of the richness of the Colombian culture.

Keep in mind that learning is a continuous journey, and each word you've incorporated is an accomplishment that propels you toward achieving full confidence in the language. Every step in this ongoing process contributes to your growing proficiency and understanding, making the journey itself as valuable as the destination.

One last thing: If you found this book useful and would like to support this project, we kindly ask you to leave us a 5-star review on Amazon. This will help us share more practical knowledge with the world and bring more cultures together.

Congratulations again, and we look forward to seeing you take on your next challenge!

The Digital Polyglot team.

Made in the USA
Middletown, DE
08 June 2024

55482661R10068